D1727304

Ferdydurke

Titel der Originalausgabe:
«Le livre des ciels»

Leslie Kaplan
Das Buch der Himmel
ISBN 3-905604-02-7

Alle Rechte der deutschen Ausgabe:
© Ferdydurke Verlag, Zürich 1991
© P.O.L. éditeur, Paris 1983
Typographische Gestaltung und Satz:
WBG, J.Markus Bosshard, Zürich
Gesamtherstellung:
Fuldaer Verlagsanstalt

Leslie Kaplan
Das Buch der Himmel

Aus dem Französischen übersetzt
und mit einem Nachwort versehen von
Ilma Rakusa

Ferdydurke Verlag

für H., und für M.B.

C'est une scène, sur une colline.

Autour, le ciel étale. Comme le monde est rond, petite fille.

On est en haut, très loin. On marche sur une petite place, dans un village jaune, démuni.

Façades de pierres friables. On marche sur une surface plane. La colline ondule.

Le ciel est nu, bien ouvert.

Es spielt sich auf einem Hügel ab.

Ringsum der gleichmäßige Himmel. Wie rund die Welt ist, kleines Mädchen.

Wir sind oben, sehr weit. Wir gehen über einen kleinen Platz, in einem gelben, mittellosen Dorf.

Bröckelnde Steinfassaden. Wir gehen über eine ebene Fläche. Der Hügel wellt sich.

Der Himmel ist nackt, schön offen.

Les maisons sont basses, dans ce village suspendu. Volets
peints, rideaux épais.
On est dehors, dans l'air blanc et bleu.

Un peu partout, il y a des gens devant les portes. Ils
parlent, on n'entend pas.
La place est fermée.

Au fond, la grosse église, rectangulaire et lisse.

Die Häuser sind niedrig in diesem schwebenden Dorf. Farbige
Fensterläden, dicke Vorhänge.
Wir sind draußen, an der weißen und blauen Luft.

Fast überall sind Menschen vor den Türen. Sie reden, wir
hören nicht, was.
Der Platz ist nach allen Seiten abgeschlossen.

Im Hintergrund die mächtige Kirche, rechteckig und glatt.

La colline monte, ovale, dégagée. Ce village, on y passe,
un jour. Il est là, tout en haut.

Une petite fille traverse la place.

Der Hügel steigt an, oval, klar umrissen. An diesem Dorf
kommen wir eines Tages vorbei. Es ist dort, ganz oben.

Ein kleines Mädchen überquert den Platz.

La petite fille donne la main à sa mère. La mère est en noir, comme la plupart des femmes.

Sur le côté de la place, il y a un grand haut-parleur, avec des fils. Le cornet du haut-parleur ressemble à une oreille. Les fils pendent.

Pour le moment, rien ne sort du haut-parleur.

La lumière est dure, transparente. La petite fille avance, à travers le bleu.

Das kleine Mädchen geht an der Hand seiner Mutter. Die Mutter trägt Schwarz, wie die meisten Frauen.

Seitlich auf dem Platz befindet sich ein großer Lautsprecher mit Kabeln. Der Trichter des Lautsprechers gleicht einem Ohr. Die Kabel hängen herab.

Im Augenblick kommt nichts aus dem Lautsprecher.

Das Licht ist hart, durchsichtig. Das kleine Mädchen schreitet durch das Blau.

En face une grande roue jaune, pour les fêtes. Barreaux
de bois. Les sièges sont pendus, immobiles et lourds. Il y
a plusieurs couleurs.

Loin en bas dans la vallée les arbres bougent leurs bran-
ches. Longs arbres, souples et faux.

L'air s'ouvre et se referme.
Le ciel balance, écartelé.

Gegenüber ein gelbes Riesenrad, für die Feste. Holzstäbe.
Die Sitze hängen herab, reglos und schwer. Es gibt mehrere
Farben.

Weit unten im Tal bewegen die Bäume ihre Äste. Lange
Bäume, biegsam und unecht.

Die Luft dehnt sich aus und zieht sich zusammen.
Der Himmel schaukelt, hin und her gerissen.

La petite fille regarde sa mère, en marchant. De temps en temps, elle saute d'un pied sur l'autre. On voit ses jambes plates.

Le monde, le monde est rond. Tout est dans le mouvement de la petite fille. Elle court un peu, on la regarde. Elle saute dans la lumière vide, sur la surface allongée de la place.

Das kleine Mädchen betrachtet im Gehen seine Mutter. Von Zeit zu Zeit hüpft es von einem Fuß auf den andern. Wir sehen seine platten Füße.

Die Welt, die Welt ist rund. Alles ist in der Bewegung des kleinen Mädchens. Es läuft ein wenig, wir sehen ihm zu. Es hüpft im leeren Licht, auf der länglichen Fläche des Platzes.

On part.

J'habite une maison en carton, elle est construite sur pilotis. Bâtiment vague et raide, lattes de bois.

Je monte par un escalier extérieur. La maison est grande, remplie de chambres. En dessous il y a un magasin d'alimentation avec des rayons de boîtes, des produits.

Wir gehen weg.

Ich wohne in einem Haus aus Pappe, das auf Pfahlrosten steht. Unbestimmbares, steifes Haus, Holzlatten.

Ich benutze eine Außentreppe. Das Haus ist groß, voller Zimmer. Unten gibt es ein Lebensmittelgeschäft mit Regalen voll Büchsen, mit Waren.

C'est une maison de sécurité, portes et verrous. Je viens là pour dormir. Quand j'arrive par la route, je la vois qui avance, soutenue et penchée, sur les grands pilotis.

La douche est dans le couloir, au fond. Couloir jaune et mou, et les fleurs du papier peint.

Dans la chambre voisine, il y a des hommes. Je les entends crier.
Gros corps d'hommes, encombrants. Je pense à eux, dans la douche, derrière la porte fermée.

Es ist ein sicheres Haus, Türen und Schlösser. Ich suche es zum Schlafen auf. Wenn ich von der Straße her komme, sehe ich, wie es gestützt und gebückt auf den großen Pfahlrosten sich nähert.

Die Dusche ist ganz hinten im Gang. Ein gelber und weicher Gang, und die Blumen der Tapete.

Im Nebenzimmer sind Männer. Ich höre sie schreien. Massige Männerkörper, raumfüllend. Ich denke an sie, in der Dusche, hinter der verschlossenen Tür.

La maison monte, au bord de la ville.
L'air est déjà chaud.

Dehors, il y a une grande allée, avec un rideau d'arbres,
enthousiastes. Plus loin, c'est l'usine de pneus. Le matin
j'entends le bruit des mobylettes.

Das Haus erhebt sich am Rande der Stadt.
Die Luft ist schon warm.

Draußen ist eine große Allee, mit einer dichten Reihe von
überschwenglichen Bäumen. Weiter hinten die Reifenfabrik.
Am Morgen höre ich den Lärm der Mopeds.

Je sors très tôt, je vais à l'atelier.
L'allée s'ouvre, sous les arbres. Tunnel rond des feuilles,
lointaines. Je traverse la ville sur un vélo.

Sur le pont un jeune homme insolent ramasse un mégot,
pour le fumer. Je regarde sa démarche balancée, son
blouson.

Je me déshabille en arrivant. On est presque nues, toutes.

Ich gehe sehr früh aus dem Haus, ich gehe in die Fabrik.
Die Allee öffnet sich unter den Bäumen. Runder Tunnel von
fernen Blättern. Ich durchquere die Stadt mit dem Fahrrad.

Auf der Brücke hebt ein dreister junger Mann eine Kippe auf,
um sie zu rauchen. Ich betrachte seinen schlenkernden Gang,
seine Jacke.

Ich komme an, ziehe mich aus. Wir sind fast nackt, alle.

Je retrouve la fille barbue. Elle est à une machine.
Dès qu'elle peut, elle parle.
Son père ne l'aime pas, voilà ce qu'elle dit.
J'écoute son histoire.

Je trouve la douleur de la fille impure, pleine de regrets.
Je pleure, aussi.

Quand je sors, la nuit est plate. Et toujours ce ciel gonflé.
Je rentre lentement en vélo, je passe les hommes, énervée.

Ich finde wieder das bärtige Mädchen vor. Sie sitzt an einer
Maschine.
Sobald sie kann, spricht sie.
Ihr Vater liebt sie nicht, das sagt sie.
Ich höre mir ihre Geschichte an.

Ich finde den Schmerz des Mädchens unrein, voll Bedauern.
Ich weine auch.

Als ich die Fabrik verlasse, ist die Nacht flach. Und immer
dieser geblähte Himmel.
Ich kehre langsam mit dem Fahrrad heim, ich bin nervös,
wenn ich Männern begegne.

Je vais plus loin, dans une grande ville du centre, au milieu des collines. Ciel beau, moderne. Les raffineries sont là.

Autour des raffineries, le ciel est violent.
Il n'y a pas de femmes, il n'y a pas de rues.

Route large, mauvaise, et le ciel brillant.
Je circule en voiture avec des amis. C'est l'ignorance.

Ich ziehe weiter, in eine große Stadt in Mittelfrankreich, umgeben von Hügeln. Schöner, moderner Himmel. Da sind die Raffinerien.

Um die Raffinerien herum ist der Himmel grell.
Es gibt keine Frauen, es gibt keine Wege.

Eine breite, schlechte Straße, und der Himmel strahlt.
Ich fahre mit Freunden im Auto durch die Gegend. Unwissenheit.

Dans la ville le ciel est courbe, éloigné.
En un sens, la ville est un bloc.

Temps simple. Je suis dehors.

L'air est bleu et rapide, trop calme, et je dors mal, dans des
chambres.

C'est une vieille ville française, disponible.
Partout des nuages lourds, des escaliers.

In der Stadt ist der Himmel gewölbt, entrückt.
In gewissem Sinn ist die Stadt ein Block.

Einförmiges Wetter. Ich bin draußen.   21

Die Luft ist blau und schnell, zu still, und ich schlafe schlecht
in Zimmern.

Es ist eine alte französische Stadt, verfügbar.
Überall schwere Wolken, Treppen.

Il y a une musique dans l'air, sans mélodie. Je ne me rappelle pas. Je me rappelle la gare centrale, je passe souvent devant.

Au milieu de la ville, une grande place ronde. Les gens s'assoient et boivent, prudents, dispersés.

Eine Musik ist in der Luft, ohne Melodie. Ich kann mich nicht erinnern. Ich erinnere mich an den Hauptbahnhof, ich gehe oft an ihm vorbei.

In der Mitte der Stadt ein großer runder Platz. Die Menschen setzen sich hin und trinken, bedächtig, vereinzelt.

La grande horloge, les tramways.
Je me promène dans les rues.

Il y a du rouge, du vert, du marron. C'est ressemblant, sans
profondeur.

Vieille ville de province, enfantine. Je monte sur les remparts,
je me penche, je regarde.

Le ciel est neutre, en étages.

Die große Turmuhr, die Trambahnen.
Ich schlendere durch die Straßen.

Es gibt Rotes, Grünes, Braunes. Das gleicht sich, ist ohne
Tiefe.

Eine alte kindische Provinzstadt. Ich erklimme die Befesti-
gungsmauern, ich beuge mich vor, ich schaue.

Der Himmel ist neutral, gestuft.

Je mange dans des petits restaurants pas chers.
Repas mixtes, en commun.

La sortie de la ville est dégagée. Autoroute large,
embranchements et ponts. Autour du fleuve, l'air net,
liquide, et au loin, toutes les collines.

Ich esse in kleinen billigen Restaurants.
Gemischte Mahlzeiten, gemeinsam eingenommen.

Der Ausgang der Stadt ist weit. Breite Autobahn, Abzweigungen und Brücken. Am Fluß die klare, flüssige Luft, und
in der Ferne alle Hügel.

Je trouve un emploi dans une usine de femmes.

C'est un quartier délimité.
L'usine occupe beaucoup de place.

Les rues sont comme des couloirs. Absence.
Des femmes circulent, en tablier et en pantoufles.

Ich finde eine Stelle in einer Fabrik für Frauen.

Es ist ein abgegrenztes Gelände.
Die Fabrik nimmt viel Platz ein.

Die Straßen sind wie Gänge. Abwesenheit.
Frauen gehen herum, in Schürzen und in Pantoffeln.

Je vois le médecin, il m'accepte.

Sable jaune. Des allées.
Au premier étage, quelques tables. Je m'assois.
Les gens sont là, dans la lumière.

L'air est filtré, et il y a des petites machines compliquées,
pour les femmes.

Ich suche den Arzt auf, er befindet mich für tauglich.

Gelber Sand. Alleen.
Im ersten Stock ein paar Tische. Ich setze mich.
Die Menschen sind da, im Licht.

Die Luft ist gefiltert, und es gibt kleine komplizierte
Maschinen für die Frauen.

A côté de moi, il y a une fille particulière.
Elle s'habille avec du bleu, du rose, dans des vêtements
anciens, trop longs.

Je déjeune avec elle, on prend un peu de vin.
Elle me raconte ce qu'elle croit. C'est vague.

Neben mir ist ein besonderes Mädchen.
Sie trägt Blau, Rosa, alte, viel zu lange Kleider.

Ich esse mit ihr zu Mittag, wir bestellen etwas Wein.
Sie erzählt mir, was sie glaubt. Das ist vage.

Dans l'autre rangée, en face, une fille très jolie, une
blonde. Tout le monde la regarde.

J'y pense souvent. Je ne sais rien d'elle, seulement qu'elle
habite en dehors de la ville, au milieu des champs.

Je bois un coup au café, je regarde passer les nuages.
Il n'y a pas de ville, c'est déplacé. Il y a des maisons, des
rues, des usines.

In der andern Reihe, gegenüber, ein sehr hübsches
Mädchen, eine Blondine. Alle sehen sie an.

Ich denke oft an sie. Ich weiß nichts von ihr, nur daß sie
außerhalb der Stadt wohnt, inmitten der Felder.

Ich trinke einen im Café, ich sehe den vorüberziehenden
Wolken zu.
Eine Stadt gibt es nicht, abwegig. Es gibt Häuser,
Straßen, Fabriken.

Un peu partout, dans les rues, je retrouve des gens que je connais.

Dans le car, l'ajusteur monte après moi. C'est un Italien, avec des yeux noirs. Il m'explique pourquoi il a tant d'enfants : il ne se retire pas de sa femme, il reste dedans, sinon, il n'a pas de plaisir.

Fast überall in den Straßen stoße ich auf Menschen, die ich kenne.

Der Schlosser steigt nach mir in den Bus ein. Ein Italiener mit schwarzen Augen. Er erklärt mir, warum er so viele Kinder habe: er zieht sich nicht aus seiner Frau zurück, er bleibt in ihr, sonst empfindet er keine Lust.

Je sors souvent avec une jeune femme assez garçonne, elle est toujours en pantalon. Elle dit qu'elle ne sait pas s'habiller, le matin elle enfile n'importe quoi. Elle vit pour sa fille, elle m'a montré une photo.

La petite l'attend tous les jours à la grille, avec une amie. Elle lui achète son goûter à la boulangerie, et elles partent ensemble, sans rien dire.

Oft gehe ich mit einer jungen, ziemlich burschikosen Frau aus, sie trägt immer Hosen. Sie sagt, sie wisse sich nicht zu kleiden, am Morgen ziehe sie sich irgend etwas über. Sie lebt für ihre Tochter, sie hat mir ein Foto gezeigt.

Die Kleine wartet jeden Tag am Gittertor, mit einer Freundin. Sie kauft ihr in der Bäckerei einen Imbiß, dann gehen sie zusammen davon, ohne ein Wort.

Le soir je visite un couple de l'usine.
Ils habitent une petite maison en coin. Les pièces sont
séparées par des rideaux, c'est précaire.

Ils se ressemblent, tous deux très gros. A dix-huit ans ils
ont vécu le Front Populaire, ils en parlent souvent.

La femme m'a adoptée. Elle me donne des vieilles jupes,
elle voudrait me voir casée.

Je viens, on s'assoit dans le jardin autour d'une table en
fer. Il fait frais. On boit beaucoup de ricard, on se
détend, on rit pour rien, on est plutôt gais.

Am Abend besuche ich ein Ehepaar aus der Fabrik.
Sie wohnen in einem Eckhaus. Die Zimmer sind durch Vorhänge getrennt; schwierig.

Sie gleichen sich, beide sind sehr massig. Mit achtzehn haben
sie die Volksfront erlebt, sie sprechen häufig davon.

Die Frau hat mich adoptiert. Sie gibt mir alte Röcke, sie
möchte mich gern unter die Haube bringen.

Ich komme, wir setzen uns in den Garten an einen Eisentisch.
Es ist kühl. Wir trinken viel Ricard, wir entspannen uns, wir
lachen wegen nichts, wir sind ganz schön angeheitert.

Parfois je vais prendre une limonade avec le curé.

Il m'emmène dans un petit bistrot, au bord d'un carrefour plat. Poussière. On reste dehors. Des voitures passent, quelques vélos, et au loin, la fumée.

Avec le curé, c'est impossible. Il aime l'usine.

Manchmal gehe ich mit dem Pfarrer auf eine Limonade.

Er führt mich in ein kleines Bistrot an einer flachen Kreuzung. Staub. Wir bleiben draußen. Autos fahren vorüber, einige Fahrräder, und in der Ferne der Rauch.

Mit dem Pfarrer ist es unmöglich. Er liebt die Fabrik.

Je reviens à Paris.

Je loge en face d'une poste large et blanche, un bâtiment central. A côté, le self-service. Pour entrer on descend quelques marches. Les assiettes sont déjà pleines et chaudes.

Quand je sors, les boulevards flottent, légers, légers. Les arbres sont flous. Je marche, entourée par des affiches, des grandes images.

Ich kehre nach Paris zurück.

Ich wohne gegenüber einer breiten und weißen Post, einem zentralen Gebäude. Daneben das Selbstbedienungsrestaurant. Zum Eingang steigt man ein paar Stufen hinunter. Die Teller sind bereits voll und heiß.

Wenn ich hinaustrete, schweben die Boulevards, leicht, ganz leicht. Die Bäume sind zart. Ich gehe zwischen Plakaten, großen Bildern.

Longs boulevards renversés, présents.
Il y a des rampes, des escaliers. Je marche sur les différents niveaux, je regarde.

L'air est vague, violent, éclairé de l'intérieur.
Je traverse les rues, je marche.

Les femmes, je les vois toutes. Je vois leur vie précise.

Lange umgekippte Boulevards, präsent.
Es gibt Geländer, Treppen. Ich gehe auf den verschiedenen Niveaus, ich schaue.

Die Luft ist vage, gewaltsam, von innen erhellt.
Ich überquere die Straßen, ich gehe.

Die Frauen, ich sehe sie alle. Ich sehe deutlich ihr Leben.

Je descends la rue en autobus.
Je suis toute seule.
L'autobus roule sur les pavés.

Ich fahre im Autobus die Straße entlang.
Ich bin ganz allein.
Der Autobus fährt über Pflaster.

Je vais aux limites de la ville.

Limites grises, urgentes.
Je ne connais pas.

Il y a un mouvement dans l'air, très loin.

Des arbres, des boutiques restreintes. Stores baissés,
rideaux de fer, et cette odeur sucrée, de limonade. Dans
une vitrine immobile, quelques robes.

Au-dessus, le ciel marbré. Je croise un enfant.

Je reconnais la lumière, peut-être.

Ich gehe an die Ränder der Stadt.

Graue, eilige Ränder.
Ich kenne sie nicht.

Bewegung ist in der Luft, weit weg.

Bäume, wenige Läden. Heruntergelassene Rollos, Eisen-
gitter, und dieser süße Geruch nach Limonade. In einem
reglosen Schaufenster einige Kleider.

Oben der marmorierte Himmel. Ich begegne einem Kind.

Ich erkenne das Licht, vielleicht.

Plus loin, les baraquements.

Les hommes sont là, étendus.
A travers les portes, je regarde.

Il y a des piles et des piles de couvertures, au milieu de la
buée. Faiblesse.
Je regarde.

Des vêtements sont accrochés. Par terre les cuvettes,
pleines d'eau.
Eau plate, horizontale. Eau menaçante.

Etwas weiter die Baracken.

Die Männer sind da, ausgestreckt.
Ich schaue durch die Türen.

Riesige Stapel von Decken, mitten im Dampf. Schwäche.
Ich schaue.

Kleider hängen an Haken. Auf dem Boden Waschschüsseln
voll Wasser.
Glattes, waagrechtes Wasser. Bedrohliches Wasser.

Sur les murs, les photos de femmes nues, découpées.

L'espace est humide, dissout.
Espace élémentaire. Les hommes sont dedans.

Ni yeux, ni bouche, ni oreilles. Ils respirent seulement, je
sens la pure respiration des hommes, à l'intérieur.

An den Wänden die Fotos nackter Frauen, ausgeschnitten.

Der Raum ist feucht, aufgelöst.

Elementarer Raum. Darin die Männer.

Weder Augen noch Mund, noch Ohren. Sie atmen nur, ich
spüre den reinen Atem der Männer da drinnen.

II

Campagne trompeuse, large et plate comme un tiroir.
Je roule en vélomoteur, les mains sur le guidon, portée.

Autour, la couleur.

Je longe la centrale EDF, très fermée. Cloisons libres,
lumière. Je regarde. A travers les vitres, je vois la méca-
nique.

L'herbe est tellement verte, et le ciel intense, arrêté. Je
roule.
Campagne abstraite comme la douleur.

Trügerische Landschaft, weit und flach wie eine Schublade. Ich
fahre auf dem Moped, die Hände am Lenker, werde getragen.

Ringsum die Farbe.

Ich fahre am fest verschlossenen Elektrizitätswerk entlang.
Offene Zwischenwände, Licht. Ich schaue. Durch die Scheiben
hindurch sehe ich die Maschinen.

Das Gras ist so grün, und der Himmel intensiv, zum Stillstand
gekommen. Ich fahre.
Eine Landschaft, abstrakt wie der Schmerz.

Je passe devant la carrière de sable.
Image creuse, massive. Le sable est jaune et chauve, il
descend.

Il y a des hommes, un camion.
Les hommes sont actifs.
Je m'arrête, je regarde.

Pentes claires, rebords et mémoire.
Sur le sable, on peut glisser.

Dans le ciel, le soleil transparent, sans origine.

Ich komme an der Sandgrube vorbei.
Hohles, wuchtiges Bild. Der Sand ist gelb und kahl, er fällt ab.

Da sind Männer, ein Lastwagen.
Die Männer sind tätig.
Ich halte an, ich schaue.

Helle Hänge, vorstehende Ränder und Erinnerung.
Auf dem Sand kann man gleiten.

Am Himmel die durchsichtige Sonne, ohne Ursprung.

Je le rencontre un peu en dehors de Paris.

Je connais la scène. J'attends le train, avec lui, dehors.
Il fait chaud. C'est une terrasse devant la gare, on boit un
verre. Les tables de la terrasse sont en fer forgé, légères,
peintes en blanc.

Petit café décoré.
Terrasse et chaises rondes, et les rangées de fleurs. Je bois.
Tout est blanc.

Ciel sans contours. Un avion circule.

Plus tard on prend le train, on monte sans payer.

Ich begegne ihm außerhalb von Paris.

Ich kenne die Szene. Ich warte mit ihm auf den Zug, draußen.
Es ist heiß. Vor dem Bahnhof ist eine Terrasse, wir trinken ein
Glas. Die Tische auf der Terrasse sind aus Schmiedeeisen,
leicht, weiß gestrichen.

Ein kleines schmuckes Café.
Eine Terrasse und runde Stühle, und die Blumenreihen. Ich
trinke.
Alles ist weiß.

Konturloser Himmel. Ein Flugzeug kreist.

Später nehmen wir den Zug, steigen ein, ohne zu zahlen.

Les rails sont posés à travers la campagne.
Campagne courbe, et les rails plats, extérieurs.
On avance sans bouger.

Miettes jaunes et vertes des feuilles.
Il y a la chaleur.
La campagne est encerclée comme du dehors.

Die Schienen laufen quer durch die Landschaft.
Gewellte Landschaft, und die Schienen flach, aufgesetzt.
Wir kommen voran, ohne uns zu bewegen.

Gelbe und grüne Blätterpartikel.
Hitze.
Die Landschaft ist wie von außen umrandet.

Il est assis, en face. Il a un blouson vert.
Surplus américain. C'est une image, déjà.

Devant les gares la terre est rouge. Poteaux maigres,
quelques nuages. Le ciel est trop clair.

On passe la forêt, sa buée, les troncs précis.
On la traverse comme une tache. On va.

Herbes et feuilles chaudes, et les secousses du train. On
voit la disparition des choses, leur rire fermé, sans
couleur.

On rit aussi. C'est brutal.

Er sitzt gegenüber. Er trägt eine grüne Windjacke.
Amerikanische Armeeware. Es ist schon ein Bild.

Vor den Bahnhöfen ist die Erde rot. Dünne Telegraphen-   45
masten, einige Wolken. Der Himmel ist zu hell.

Wir fahren durch den Wald, durch seinen Dunst, zwischen
klaren Stämmen hindurch.
Wir durchqueren ihn wie einen Fleck. Wir fahren.

Warme Gräser und Blätter, und die Stöße des Zugs. Wir
sehen das Verschwinden der Dinge, ihr schmales Lachen,
farblos.

Auch wir lachen. Jäh.

La lumière, les rails.
Odeur du fer, odeur cassée.
Collines anciennes, carrières de sable. L'air est tiré
jusqu'au bout.

Il n'y a pas de pensée particulière, de possession.

Par terre, les cailloux, tous les petits cailloux, gonflés.
On résiste, on regarde. On les voit éclater, un par un,
sur le sable.

Das Licht, die Schienen.
Eisengeruch, dumpfer Geruch.
Alte Hügel, Sandgruben. Die Luft ist ganz straff.

Kein persönliches, kein Besitzdenken.

Am Boden die Kiesel, all die kleinen Kiesel, prall. Wir
widerstehen, wir schauen. Wir sehen sie aufblitzen, einen
nach dem andern, im Sand.

Je suis de l'équipe du matin, on se promène l'après-midi.
Larges après-midis, naturelles. On sort.

Chemins de bordure, voies ferrées. On regarde les pierres et
l'herbe, les chiens. On passe des usines. Je connais quelques
unes des filles, dedans.

Le ciel est souvent particulier, mauve. Couleur puissante,
elle surprend. C'est l'industrie.

On longe les murs, on pousse le vélo. Les murs sont calmes,
tranquilles, un vrai langage. Il y a des déchets partout. Ce
n'est pas désagréable, comme une attente, plutôt.

Ich habe Morgenschicht, am Nachmittag gehen wir spazieren.
Ausgedehnte, natürliche Nachmittage. Wir gehen aus.

Feldwege, Bahngeleise. Wir betrachten die Steine und das
Gras, die Hunde. Wir gehen an Fabriken vorbei. Ich kenne
dort einige Mädchen.

Der Himmel ist oft besonders, malvenfarben. Eine kräftige
Farbe, die überrascht. Das ist die Industrie.

Wir gehen an den Mauern entlang, wir schieben die Fahrräder.
Die Mauern sind ruhig, still, eine Sprache für sich. Überall
Abfälle. Das ist nicht unangenehm, eher wie eine Erwartung.

Je loge chez une grand-mère, dans un petit pavillon bleu. Il y a une cave pour les bouteilles, les outils. Derrière, un jardin immense. La grand-mère est énergique, très vive. Elle parle souvent de son mari mort, un militant, et le dimanche quand elle fait des glaces avec les fruits de son jardin, elle m'invite.

Ich wohne bei einer alten Frau, in einem kleinen blauen Gartenhaus. Da ist ein Keller für die Flaschen, für die Werkzeuge. Hinten ein riesiger Garten. Die Frau ist energisch, sehr lebhaft. Sie erzählt häufig von ihrem verstorbenen Mann, einem Aktivisten, und sonntags, wenn sie aus dem Obst ihres Gartens Eis zubereitet, lädt sie mich ein.

Sur la place de la gare il y a deux cafés modernes, face à face. C'est près du pont suspendu. Arcades de briques, fumée. On écoute la musique, on lit le journal, on boit. Une bière suffit.

Le soir on mange dans un restaurant familier. Le restaurant est peint en blanc, accroché au bord de l'eau. Beefsteack, fritures. Vins variés. C'est bon.

Dehors, le ciel d'été, bruyant.

Auf dem Bahnhofsplatz gibt es zwei moderne Cafés, einander gegenüber. Gleich neben der Hängebrücke. Backsteinarkaden, Rauch.
Wir hören der Musik zu, wir lesen Zeitung, wir trinken. Ein Bier genügt.

Am Abend essen wir in einem der üblichen Restaurants. Das Restaurant ist weiß gestrichen, es steht unmittelbar am Wasser. Beefsteak, fritierte Fische. Verschiedene Weine. Das schmeckt gut.

Draußen der geräuschvolle Sommerhimmel.

Pendant les nuits il y a les orages massifs, leurs murs d'eau enveloppants. Personne ne sait rien.

Chambre électrique. Le jardin est écrasé.

Je suis dans le lit, je suis nue, on s'embrasse.

In den Nächten die heftigen Gewitter, ihre umhüllenden Wasserwände. Niemand weiß etwas davon.

Stromlicht im Zimmer. Der Garten ist verwüstet.

Ich bin im Bett, ich bin nackt, wir umarmen uns.

On se parle beaucoup, presque sans difficulté.
Les mots sont vrais. Tous les mots le sont.

Grande cage des mots, grande et spacieuse, ajourée. Sans
y penser, on y va. On va là-dedans.

Wir reden viel miteinander, fast mühelos.
Die Worte sind wahr. Alle Worte sind es.

Großer Wortkäfig, groß und geräumig, licht. Ohne daran
zu denken, betreten wir ihn. Gehen wir da hinein.

On part en vacances, on visite une plage. Il y a des galets, un bateau bleu. On dort dans un hôtel fleuri.

Le port est calme. Façades inconnues. Des tramways rouges circulent, pendus à leurs fils. Il y a des fêtes dans des petites rues, des rêves d'enfant.

La plage et la jetée, et la mer, heureuse. On la reconnaît. On la reconnaît exactement.

On reste sur les terrasses, on boit du vin blanc. On fait des photos l'un de l'autre. On les garde.

Wir fahren in Urlaub, an einen Strand. Kiesel, ein blaues Schiff. Wir schlafen in einem blumengeschmückten Hotel.

Der Hafen ist ruhig. Unbekannte Fassaden. Rote Straßenbahnen fahren umher, hängen an ihren Drähten. In kleinen Straßen gibt es Feste, Kinderträume.

Der Strand und die Mole, und das glückliche Meer. Wir erkennen es. Wir erkennen es genau.

Wir bleiben auf den Terrassen, wir trinken Weißwein. Wir machen Fotos voneinander. Wir bewahren sie auf.

Il a des colères terribles, aussi, parfois. Rien de rien. Je
suis d'accord.

Manchmal hat er auch Wutanfälle. Nichts und wieder
nichts. Ich gebe ihm recht.

A Paris, je loue une chambre. Au-dessous, le boulevard
plat, les arcades du marché. Installations ouvertes et
courbes, tiges de fer.

Le ciel est simple, un ciel peint. Je le vois par morceaux, à
travers les galeries.

Trottoir large, avec des arbres. C'est agréable, comme un
mouvement absent. Le long des rues, il y a souvent des
glaces. Je me regarde. J'ai un blouson et des bottes, sans
bas.

In Paris miete ich ein Zimmer. Unten der ebene Boulevard,
die Arkaden des Marktes. Offene und gewölbte Stände,
Eisenstangen.

Der Himmel ist einfach, ein gemalter Himmel. Ich sehe ihn
fetzenhaft, durch die Gänge hindurch.

Breites Trottoir, mit Bäumen. Das ist angenehm, als bewegte
man sich nicht. Längs der Straßen gibt es häufig Spiegel. Ich
betrachte mich. Ich trage eine Jacke und Stiefel, ohne
Strümpfe.

Samedi matin on va au marché. Les étalages sont au pied des immeubles. Les gens achètent dans l'air vivant, tendu.

Matière des choses, si mince. Il y a des annonces dans les haut-parleurs et au fond, un manège, pour les enfants.

Le monoprix est plus loin, un gros prématuré. Des affiches tournent en l'air près du plafond et je me promène dans les allées avec mon sac.

Am Samstag morgen gehen wir auf den Markt. Die Stände befinden sich am Sockel der Gebäude. Die Leute kaufen ein in der frischen, gespannten Luft.

Materie der Dinge, so winzig. Aus den Lautsprechern Werbung und im Hintergrund ein Karussell für die Kinder.

Das Warenhaus ist etwas weiter, eine große Frühgeburt. Unter der Decke kreisen Plakate, und ich schlendere mit meiner Tasche durch die Gänge.

Au marché devant une table à tréteaux je croise toujours une grande vieille femme. C'est une paysanne, elle
a un foulard blanc sur la tête. Elle vend des légumes.

Elle arrive, souple, portant un panier profond, elle
s'installe. Elle triomphe, avec son regard.

Son fils l'accompagne, grand aussi, très musclé. Il doit
l'aider, pour la vente. Il a des lunettes cerclées et il a l'air
de ne voir qu'elle.

Auf dem Markt, vor einem Tisch mit Böcken, begegne ich
immer einer großgewachsenen alten Frau. Es ist eine Bäue-
rin, sie hat ein weißes Tuch auf dem Kopf. Sie verkauft
Gemüse.

Sie kommt behend, einen mächtigen Korb in der Hand,
richtet sich ein. Sie triumphiert mit ihrem Blick.

Ihr Sohn begleitet sie, auch er groß, sehr muskulös. Er muß
ihr beim Verkaufen helfen. Er trägt eine Brille mit Rand
und scheint nur sie zu sehen.

Le cinéma, l'après-midi. La salle est orange, avec des moulures. Le long de l'escalier on regarde les photos, les profils, et au bout, les statues blanches.

Le spectacle est à l'intérieur. On l'attend dehors, on déambule.

Kino, am Nachmittag. Der Saal ist orange, mit Stuck. Längs der Treppe betrachten wir die Fotos, die Profile, und oben die weißen Statuen.

Die Vorstellung findet drinnen statt. Wir warten draußen, wir schlendern umher.

Le soir, je remonte la rue. Je passe la belle fruitière. Pour servir, elle met un gant. A l'autre main, ses ongles sont peints en rouge.

Il est en bas, au café. Ciel oblique, enveloppant.

Sur les terrasses couvertes beaucoup de vieilles femmes assises, dans des manteaux. On reste debout.
Comptoir linéaire, en métal. Je bois doucement mon verre.

Abends gehe ich die Strasse hoch. Ich komme an der schönen Obstverkäuferin vorbei. Beim Bedienen zieht sie einen Handschuh an. Die Fingernägel der anderen Hand sind rot lackiert.

Er ist unten, im Café. Schräger, umhüllender Himmel.

Auf den überdachten Terrassen sitzen viele alte Frauen in Mänteln. Wir stehen.
Gerade Theke aus Metall. Ich leere langsam mein Glas.

Il dit souvent, C'est pas ma faute.
Il est insolent, aussi. En un sens, c'est pour moi.

Er sagt oft: Das ist nicht meine Schuld.
Er ist auch unverschämt. In gewissem Sinne gilt es mir.

J' ai un poste dans un atelier, près du quai d'une ancienne gare. Le fleuve est proche, avec les marchandises.

L'atelier est petit, très dangereux. Caoutchouc. Au fond, un escalier, une fenêtre fendue. Les femmes traînent. Elles ont des gants spéciaux.

Une femme est partie, je l'apprends. Des histoires, c'est confus.

Je déjeune dehors, je préfère. Œufs durs et café. Le ciel est mou. Je regarde les petites vagues du fleuve, le sable, les grues.

Grues minces, perpendiculaires. Il y a un homme tout en haut assis dans sa cabine, je le vois, penché, derrière son plastique.

Ich habe eine Stelle in einer Werkstatt, neben dem Bahnsteig eines alten Bahnhofs. Der Fluß ist nahe, mit den Waren.

Die Werkstatt ist klein, sehr gefährlich. Gummi. Hinten eine Treppe, ein gesprungenes Fenster. Die Frauen trödeln herum. Sie tragen spezielle Handschuhe.

Eine Frau ist gegangen, ich erfahre es. Irgendwelche Geschichten, konfus.

Ich esse am liebsten draußen zu Mittag. Harte Eier und Kaffee. Der Himmel ist weich. Ich betrachte die kleinen Wellen des Flusses, den Sand, die Kräne.

Dünne, rechtwinklige Kräne. Ein Mann sitzt ganz oben in seiner Kabine, ich sehe ihn hinter seiner Scheibe, vorgebeugt.

Les ateliers sont en plusieurs étages, décalés.
Les escaliers ne se suivent pas.

L'entrée des femmes se fait derrière. Bâtiment accroché
et souple, on dirait un faux.

Le matin je contourne la porte vitrée, sur l'avenue. Il y a
une plaque en marbre sur le mur avec le nom, gravé. Je
l'oublie toujours, cette plaque.

Die Werkstätten liegen auf mehreren Etagen, versetzt.
Die Treppen sind nicht fortlaufend.

Der Eingang für die Frauen befindet sich hinten. Ein ange-
bautes, luftiges Gebäude, man könnte meinen, eine Attrappe.

Morgens gehe ich auf der Straße um die Glastür herum.
An der Mauer ist eine Marmortafel mit dem eingravierten
Namen. Ich vergesse sie immer, diese Tafel.

Je l'attends à la sortie du métro. C'est le soir, le ciel bascule. Les gens se parlent.

Il arrive en blouson, la cigarette déjà allumée. Je le regarde monter les marches. Mouvement violent. Quelque chose s'ouvre et reste perdu. Ciel clair, transparent.

On sort sur une petite place étroite au milieu des réverbères. Au coin il y a un magasin de décoration intérieure, rouleaux de papier, accessoires. Sur les murs, les affiches de la ville.

C'est un moment du soir, ambigu et net comme un point. Autour, les gens, leur incertitude.

Ich warte beim Metroausgang auf ihn. Es ist Abend, der Himmel schlägt um. Die Leute unterhalten sich.

Er kommt in der Windjacke, mit bereits angezündeter Zigarette. Ich sehe ihm zu, wie er die Treppe hochsteigt. Heftige Bewegung. Etwas öffnet sich und geht verloren. Klarer, durchsichtiger Himmel.

Wir betreten einen kleinen schmalen Platz, umgeben von Straßenlaternen. An der Ecke ein Geschäft für Inneneinrichtung, Tapetenrollen, Zubehör. An den Mauern die Plakate der Stadt.

Das ist ein Augenblick am Abend, mehrdeutig und scharf wie ein Punkt.
Ringsum die Menschen, ihre Unsicherheit.

Il m'emmène voir sa mère. Elle demeure en banlieue.

C'est une petite maison, avec deux étages. Les murs sont peints en bleu et rose. Je suis assise, invitée.

Espace plein de la maison, et rapiécé, cousu. Partout, des rideaux. La radio marche sans arrêt.

On dort dans le grand lit, en haut. C'est un lit familial. La mère dort en bas.

Autour, les champs, les pommes de terre marron. Quelques immeubles dispersés. Je regarde les enfants qui rentrent. D'autres restent, sur les balcons.

Er nimmt mich mit zu seiner Mutter. Sie lebt in einem Vorort.

Es ist ein kleines Haus mit zwei Stockwerken. Die Wände sind blau und rosa gestrichen. Ich sitze, ich bin eingeladen.

Der Raum des Hauses ist angefüllt, und zusammengeflickt, zusammengenäht. Überall Vorhänge. Das Radio spielt pausenlos.

Wir schlafen im großen Bett, oben. Es ist ein Ehebett. Die Mutter schläft unten.

Ringsum die Felder, die braunen Kartoffeln. Einige verstreute Häuser. Ich sehe den Kindern zu, die heimkommen. Andere stehen auf den Balkonen.

Je vais dans une fabrique de câbles. C'est un essai.
Dans la loge, la gardienne. Elle a son chien.

L'atelier est grand, très simple.
Longues tables plates en bois et l'air qui flotte, retourné.

Je suis avec une jeune femme obèse et blonde, qui dit
toujours la vérité. Le matin, je lui paye le café, c'est cha-
cune son tour.

Ich gehe in eine Kabelfabrik. Es ist ein Versuch.
In der Pförtnerloge die Wärterin. Sie hat ihren Hund bei
sich.

Die Werkstatt ist groß, sehr einfach.
Lange flache Holztische und eine Luft, die aufgewühlt
durch den Raum treibt.

Ich bin mit einer jungen Frau zusammen, feist und blond,
die immer die Wahrheit sagt. Am Morgen zahle ich ihr den
Kaffee, die Reihe ist mal an mir, mal an ihr.

A midi je me promène près du canal. Il y a des arbres,
un pont.
En face, une usine, en briques.

Briques faciles, régulières. On dirait une cloison.

L'usine est vieille, manufacture. C'est un cadre désuet,
les arbres, le canal.

Je croise des filles devant la porte. Elles sont toutes en
blouse blanche, elles prennent l'air. Des pinces très fines
dépassent de leurs poches.

Mittags spaziere ich am Kanal. Bäume, eine Brücke.
Gegenüber eine Fabrik aus Backstein.

Handliche, gleichmäßige Backsteine. Wie von einer Trenn-
wand.

Die Fabrik ist alt, eine Manufaktur. Die Umgebung mit den
Bäumen, dem Kanal wirkt unzeitgemäß.

Vor der Tür begegne ich einigen Mädchen. Sie tragen alle
weiße Kittel, sie schöpfen frische Luft. Sehr feine Zangen
ragen aus ihren Taschen.

On a souvent rendez-vous en haut de la rue.
C'est un carrefour hétéroclite, ouvert.

Au loin, un immeuble inachevé, une construction.
Les fenêtres sont dessinées, des trous.

La rue longe un hôpital, nom historique. Une cheminée
rigide sort du fond.

Des femmes passent, très belles, avec leur veste sur les
épaules. Je vois leur air étonné, leurs colliers en or.

Monde en fissures, ruines intérieures. Des palissades en
bois. Derrière, c'est la production.

Wir verabreden uns oft am oberen Ende der Straße.
Es ist ein wüste, offene Kreuzung.

In der Ferne ein unfertiges Gebäude, im Bau.
Die Fenster zeichnen sich ab, Löcher.

Die Straße führt an einem Spital entlang, mit historischem
Namen. Ein starrer Kamin ragt im Hintergrund empor.

Sehr schöne Frauen gehen vorüber, die Jacken über die
Schultern geworfen. Ich sehe ihre verwunderten Gesichter,
ihre Halsketten aus Gold.

Rissige Welt, inwendige Ruinen. Bretterzäune. Dahinter
der Betrieb.

Il y a des choses que je sais. J'y pense.
Sur la terrasse une fillette, assise, semble boire du vin.

Il traverse la rue en balançant un sac, il danse un peu. Sa
bouche est fermée autour de la cigarette.
Les femmes le regardent, sérieuses.

Il vient à côté de moi. Ses cheveux sont un peu longs
dans le cou. Il s'assoit.

Il a le même air étonné, perméable. Il a remonté les
manches de son blouson, je vois ses bras nus.

Es gibt Dinge, die ich weiß. Ich denke an sie.
Ein kleines Mädchen, das auf der Terrasse sitzt, scheint
Wein zu trinken.

Er überquert die Straße, wobei er eine Tasche schwenkt,
fast tanzend. Sein Mund umschließt die Zigarette.
Die Frauen sehen ihm ernst zu.

Er kommt zu mir. Seine Haare sind im Nacken etwas lang.
Er setzt sich.

Er hat dasselbe erstaunte, empfängliche Gesicht. Er hat die
Ärmel seiner Windjacke hochgekrempelt, ich sehe seine
nackten Arme.

Je prends des trains nombreux. Voyages réguliers.

Autour, le compartiment en bois. Etre assise à l'intérieur.
Dehors, le ciel, le grand ciel blond qui emmène tout. Je
regarde.

Dans le compartiment, les femmes, les garçons, dans
leurs vêtements étanches. On est en banlieue, les corps
prennent trop de place, ils sont exagérés.

Ich nehme häufig den Zug. Regelmäßige Reisen.

Ringsum das Holzabteil. Im Innern sitzen. Draußen der
Himmel, der große blonde Himmel, der alles fortträgt. Ich
schaue.

Im Abteil die Frauen, die Burschen, in ihren undurchläßigen
Kleidern. Wir sind im Vorortgürtel, die Körper nehmen zu
viel Platz ein, sie sind übertrieben groß.

Les environs de la ville. Grands panneaux de réclame
dressés, pacifiques.

Le ciel est partout, fuyant.

L'espace crie, quelle douceur. Un homme passe, léger.
Je vois sa figure rouge, sa chemise qui sort.

Je n'ai pas eu peur de mourir, jamais.

Die Umgebung der Stadt. Große, friedliche Plakattafeln.

Der Himmel ist überall, auf der Flucht.

Der Raum raschelt, welche Sanftheit. Ein Mann geht leicht-
füßig vorbei.
Ich sehe sein rotes Gesicht, sein Hemd, das hervorschaut.

Ich hatte keine Angst vor dem Sterben, nie.

La petite maison, la pièce. J'entre dedans.
Tout le monde est là. Murs et sièges, rideaux.
C'est compact, massif.

Je mange. Les noms et les verbes peuvent circuler.
Tout le monde est là, visage contre visage.

La nourriture est très bonne, très lourde.
Corps d'animaux avalés, avec les légumes.
Des crèmes aussi, au lait.
Tout le monde mange.

Les murs sont loin, loin. La radio est silencieuse.
On est enveloppé, quand même. Je sens le papier peint.

Des fils invisibles du décor, il n'y en a pas.
Il y a les yeux, et la haine, sans objet, tolérante.

Das kleine Haus, das Zimmer. Ich trete ein.
Alle sind da. Wände und Stühle, Vorhänge.
Kompakt, massiv.

Ich esse. Die Hauptwörter und die Verben können zirku-
lieren.
Alle sind da, Gesicht an Gesicht.

Das Essen ist sehr gut, sehr schwer.
Tierleiber, hinuntergeschlungen mit Gemüse.
Auch Milchcremes.
Alle essen.

Die Wände sind weit, weit weg. Das Radio ist stumm.
Dennoch sind wir eingehüllt. Ich rieche die Tapeten.

Unsichtbare Fäden im Raum gibt es nicht.
Es gibt die Augen und den Haß, gegenstandslos, tolerant.

III

La chambre, notre grand lit plat. En face, l'armoire avec
le miroir rigide. Reflet.

Je suis avec lui, sous l'édredon. L'édredon est épais,
à plumes, il ne pèse rien. Carreaux multicolores, on est
dessous, vivants.

Il est à côté de moi. Je vois la peau élastique, les yeux qui
cherchent. Il est là, allongé.

Par la fenêtre, le ciel humide, ses trous et ses volumes.
L'édredon est léger, envahissant comme une déchirure.

Das Zimmer, unser großes flaches Bett. Gegenüber der
Schrank mit dem starren Spiegel. Spiegelung.

Ich bin mit ihm, unter dem Federbett. Das Federbett ist
dick, voller Daunen, es wiegt nichts. Vielfarbige Rechtecke,
wir sind darunter, lebendig.

Er ist neben mir. Ich sehe die elastische Haut, die tastenden
Augen. Er ist da, ausgestreckt.

Hinter dem Fenster der feuchte Himmel, seine Löcher und
Volumen. Das Federbett ist leicht, breitet sich aus wie ein
Riss.

Le ciel roule et entre. Ciel matériel, lumineux, et mobile, sans couleur. Je me sens étrangère, je le regarde.

Un seul ciel. Il est là, entier, dans la chambre ronde.

Der Himmel kommt angefahren und tritt ein. Ein stofflicher, lichter und beweglicher Himmel, farblos. Ich fühle mich fremd, ich sehe ihn an.

Ein einziger Himmel. Er ist da, ganz, im runden Zimmer.

Il y a des cris, comment le dire. Plutôt des effets, des
résultats. Tout est possible, et en même temps, connu. La
nuit passe, le jour. Les lumières changent.

Personne n'est là.

Ce qui circule dans la cuisine, sur le carrelage de l'évier,
je le sais. Il arrive, il s'assoit, et il commence à me manger
les yeux. Je ne dis rien, je ne parle pas.

Les bouteilles traînent, on les jette. On jette aussi les
emballages.

Es gibt Schreie, wie soll man sagen. Eher Wirkungen,
Resultate. Alles ist möglich und, gleichzeitig, bekannt. Die
Nacht vergeht, der Tag. Die Beleuchtungen wechseln.

Niemand ist da.

Was in der Küche umhergeht, auf der Keramik des Spül-
beckens, weiß ich. Es kommt, setzt sich, und beginnt mir die
Augen zu zerfressen. Ich sage nichts, ich rede nicht.

Die Flaschen stehen herum, wir werfen sie fort. Wir werfen
auch die Verpackung fort.

Un bloc transparent. Et aplati, massif. Plusieurs dimensions, confondues. On est dedans, si on veut.

Je tourne la clef, j'ouvre la porte, je rentre.
Soleil liquide. Les choses flottent, en surface.

Ce bloc violent. Et à cause de la violence, l'ennui.
Les pièces enfermées dans la lumière.

On bouge, on peut bouger. Des objets sont cassés, déchirés, d'un seul coup. Réparations, sans plus.

Ein Block, durchsichtig. Und abgeflacht, massiv. Mehrere ineinander übergehende Dimensionen. Wir sind drinnen, gewissermaßen.

Ich drehe den Schlüssel um, ich öffne die Tür, ich bin wieder da.
Flüssige Sonne. Die Dinge schweben, an der Oberfläche.

Dieser brutale Block. Und wegen der Brutalität – die Langeweile.
Die Zimmer, eingeschlossen im Licht.

Wir bewegen uns, man kann sich bewegen. Gegenstände sind zerbrochen, zerrissen, mit einem Mal. Reparaturen, sonst nichts.

J'ai mis une plante devant la fenêtre, pour qu'elle pousse. Au mur, des photos, des images. Il y a une photo de lui très agrandie, une affiche. Le mur est beau, je trouve, décoré avec lui dessus.

Sur le bord de la table, on mange une viande, un légume. Je regarde par la fenêtre. Le ciel est déployé comme une nappe.

L'étonnant : un corps, une tête, entre les portes, entre les draps. J'oublie, toujours.

On roule, on tourne. Touchers divers, les organes. La présence, non. L'absence non plus.

Ich habe eine Pflanze vor das Fenster getan, damit sie wächst. Und an die Wand Fotos, Bilder. Da ist auch ein stark vergrößertes Foto von ihm, ein Plakat. Ich finde, die Wand ist schön so, verziert mit ihm.

Am Rand des Tisches essen wir ein Stück Fleisch, Gemüse. Ich sehe zum Fenster hinaus. Der Himmel ist entfaltet wie ein Tischtuch.

Das Erstaunliche: ein Körper, ein Kopf, zwischen den Türen, zwischen den Laken. Ich vergesse es, immer.

Wir wälzen, wir drehen uns. Verschiedenartige Berührungen, die Organe. Gegenwart gibt es nicht. Abwesenheit auch nicht.

A l'arrêt du bus, quand on descend, il y a une petite maison avec une terrasse ouverte et dessus, un arbre. La maison est un peu de travers, avec des élévations, des tuyauteries. Couleurs passées, très douces.

Un peu plus loin, la prison pour femmes. Square juste en bas, sable jeté, des buissons. Il n'y a pas d'odeur particulière, mais les murs sont rouges et jaunes, grouillants. Je n'aime pas.

An der Bushaltestelle, wo wir aussteigen, ist ein kleines Haus mit einer offenen Terrasse und einem Baum darauf. Das Haus ist ein bißchen schief, mit Unebenheiten, Rohren. Verblichene Farben, sehr zart.

Etwas weiter das Frauengefängnis. Gleich daneben eine Grünanlage, sandbestreut, Büsche. Kein besonderer Geruch, doch die Mauern sind rot und gelb, ein Gewühl. Ich mag das nicht.

Je prends le pain dans la boulangerie ancienne sur la petite place. A l'intérieure, il fait frais. Revêtements en faïence, qualité, tradition. Dehors, les grandes glaces calmes.

Samedi on va souvent à la Sécurité Sociale, pour les remboursements. L'immeuble est droit, avec des portes en verre. Les fenêtres sont fumées. Plusieurs étages, sections spéciales. Les personnes se renseignent les unes les autres sans difficulté.

Je ne me fatigue pas, jamais. Tout m'intéresse, en un sens. La fatigue est là pour protéger seulement.

Ich hole das Brot in der alten Bäckerei auf dem kleinen Platz. Drinnen ist es kühl. Kachelauskleidung, Qualität, Tradition. Draußen die großen, ruhigen Glasscheiben.

Am Samstag gehen wir häufig auf die Krankenkasse, wegen der Rückvergütung. Das Gebäude ist gerade, mit Glastüren. Die Fenster sind getönt. Mehrere Stockwerke, spezielle Abteilungen. Die Personen informieren sich gegenseitig ohne Schwierigkeit.

Ich werde nicht müde, nie. Alles interessiert mich, in gewissem Sinne. Die Müdigkeit ist nur da, um zu schützen.

On est ensemble, on attend.

On sort le soir. Terrasse fraîche, lampions.
Les apéritifs, aussi, importants.

Petits pains dans les paniers. Le patron circule dans son
tablier bleu. On regrette son air, il pourrait être ironi-
que.

Dehors, le boulevard, les grands marronniers. On voit
la ville découverte. Les arbres sont glissants et fragiles,
trop colorés. C'est la lumière, peut-être, le néon.

Wir sind zusammen, wir warten.

Abends gehen wir aus. Kühle Terrasse, Lampions.
Auch die Aperitifs sind wichtig.

Brötchen in den Brotkörben. Der Wirt geht in seiner blauen
Schürze herum. Wir bedauern seine Miene, sie könnte
ironisch sein.

Draußen der Boulevard, die großen Kastanien. Man sieht
die Stadt offen daliegen. Die Bäume sind glatt und zart, zu
farbig. Vielleicht ist es das Licht, das Neon.

On dort l'un à côté de l'autre. On se réveille, on dort.

Dans les pièces, j'ai peint les fenêtres, j'ai fait des encadrements. Murs agrandis par la couleur, creusés. Il y a une bonne douche.

La cour par contre, est dégoûtante. Les gens sont trop près, rideaux mous. C'est mesquin.

On achète des plats cuisinés, des yaourts.
On boit du vin, des bières, rarement de l'eau.

Wir schlafen nebeneinander. Wir wachen auf, wir schlafen.

In den Zimmern habe ich die Fenster gemalt, ich habe Rahmen gemacht. Die Wände sind durch die Farbe größer, tiefer geworden. Es gibt eine gute Dusche.

Der Hof hingegen ist widerlich. Die Leute sind zu nahe, schlaffe Vorhänge. Schäbig.

Wir kaufen Fertiggerichte, Joghurts.
Wir trinken Wein, Bier, selten Wasser.

C'est un endroit clair, malgré tout. On vit dans les pièces, on range. On parle, mots sérieux. On repousse sans arrêt le silence des choses, on n'est pas envahis, non.

La musique, il n'y a qu'elle. Des airs rythmés, faciles, avec des sentiments. On écoute, on entre en mouvement.

Trotz allem ist es ein heller Ort. Wir leben in den Zimmern, wir machen Ordnung. Wir reden, ernste Worte. Wir verscheuchen unentwegt das Schweigen der Dinge, wir sind nicht überwältigt, nein.

Die Musik, es gibt nur sie. Rhythmische, leichte Melodien mit Sentiment. Wir hören zu, wir geraten in Bewegung.

Les livres, les avoir. Par moments on les détruit, tous,
un par un. C'est lui qui le fait. Je comprends.

On ne prête pas attention aux apparences, pourquoi?
L'intérieure, l'extérieure, c'est pareil. Chemises à carreaux, pantalons. Parfois des grandes jupes anciennes
qui tournent, des dentelles.

On vit lentement.

On partage tout.

Die Bücher, sie besitzen. Mitunter zerstören wir sie, alle,
eins nach dem andern. Er ist es, der es tut. Ich verstehe es.

Wir achten nicht auf das Äußere, warum auch? Innen und
Außen sind gleich. Karierte Hemden, Hosen. Manchmal
große alte Röcke, die sich drehen, Spitzen.

Wir leben langsam.

Wir teilen alles.

La violence, on n'en parle pas, jamais. Comment ne pas
l'admettre? Elle le traverse, il ne l'arrête pas.

C'est une violence sans image, mouvante, qui épouse
tout. Serrée, très serrée, et vaste, sans rigueur. Je l'admire,
aussi. C'est comme une femme, je la subis, je la prends
avec moi.

Von der Gewalttätigkeit reden wir nicht, nie. Sie nicht
zulassen, wie denn? Sie durchquert ihn, er hält sie nicht auf.

Es ist eine Gewalttätigkeit ohne Bild, unbeständig, die
sich allem anpaßt. Eng, sehr eng, und weit, ohne Strenge. Ich
bewundere sie auch. Sie ist wie eine Frau, ich ertrage sie,
ich nehme sie mit.

J'aime tout, ses vêtements, le pantalon et la ceinture, les yeux fendus, la montre au poignet, la voix. Mais parfois je disparais.

Les coups ne sont pas une limite. Grands coups plats, et obscènes, mélangés. Un jour ils deviennent purs : des coups.

Evénement douteux, et passif, détachement. Le présent reste, quand même.

Ich liebe alles, seine Kleider, die Hose und den Gürtel, die Schlitzaugen, die Uhr am Handgelenk, die Stimme. Aber manchmal verschwinde ich.

Die Schläge sind nicht eine Grenze. Große flache Schläge, und obszön, gemischt. Eines Tages werden sie rein: Schläge.

Zweifelhaftes Ereignis, und passiv, Gleichgültigkeit. Die Gegenwart bleibt, trotzdem.

Il n'assume rien de sa condition, aucun trait. A d'autres,
à d'autres, voilà comment il parle. C'est un repère, sans
doute, une direction effondrée.

Il prend des taxis, souvent, avec très peu d'argent. Il arrête
la voiture, et monte.
Tu viens?
C'est piégé.

On ne joue pas.

Je suis utile. Je le sais.

Er nimmt nichts von seiner Lage auf sich, nicht das mindeste.
Ohne mich, ohne mich, so redet er. Wahrscheinlich ist das
eine Markierung, eine verschüttete Richtung.

Er nimmt häufig das Taxi, mit sehr wenig Geld. Er hält den
Wagen an und steigt ein.
Kommst du?
Eine Falle.

Wir spielen nicht.

Ich bin nützlich. Ich weiß es.

Quand il est présent, je me retrouve avec moi-même,
renvoyée, aux quatre coins. Espace neutre, de pénurie, je
suis cousue dedans, cognée. Je le remplis entièrement,
c'est terrible, je remplis tout cet espace.

Ce qui existe entre nous : cette dimension irréelle, en
plaques, qui doit être nourrie. Pour le reste, les objets
sont là, le balancement, on est entourés.

Ist er anwesend, finde ich mich allein, zwischen vier Ecken
verbannt. Ein neutraler Raum der Not, ich bin eingenäht, ein-
gezwängt. Ich fülle ihn vollständig aus, das ist schrecklich,
ich fülle diesen ganzen Raum aus.

Was zwischen uns existiert: diese irreale Dimension, in
Schichten, die genährt werden muß. Ansonsten sind die
Gegenstände da, das Schwanken, wir sind umgeben.

Il y a des mariages, des cérémonies. On va à la campagne,
on danse. Des baptêmes, aussi. Les enfants sont présents.

On se couche n'importe où, dans le grenier, dehors.
On fait le repas sous la tonnelle. Il y a du lierre, temps joli.

On court, on fait des photos. On regarde les animaux, les
fleurs nouvelles. On célèbre.

Es gibt Hochzeiten, Zeremonien. Wir gehen aufs Land,
wir tanzen. Auch Taufen. Die Kinder sind dabei.

Wir schlafen irgendwo, auf dem Dachboden, draußen. Wir
kochen in der Laube. Efeu, schönes Wetter.

Wir streifen umher, wir fotografieren. Wir betrachten die
Tiere, die neuen Blumen. Wir feiern.

C'est une campagne électrifiée, avec des fils et des poteaux.
Tous les gens se connaissent. Les publicités sont peintes directement sur les murs, grandes bouteilles rouges et bleues.
On se promène dans des chemins obscurs, très beaux, et on
passe des petites églises froides, utilisées pour les occasions.

Das Land hier ist elektrifiziert, mit Drähten und Masten.
Alle Leute kennen sich. Die Reklamen werden direkt auf die
Wände gemalt, große rote und blaue Flaschen. Wir spazieren
auf dunklen, sehr schönen Pfaden, und wir kommen an kleinen kalten Kirchen vorbei, die nur selten benutzt werden.

Dans notre quartier, autour, les épiciers sont nombreux. Plusieurs étrangers. Un couple sans enfant ouvre même le dimanche. Au coin, la pharmacienne, jeune, cultivée. Elle a installé des chaises et elle laisse s'asseoir les vieilles dames, elle bavarde avec elles, gentiment.

Les saisons et les rues, et la ville, si pleine.
Les arbres sont grands, avec une cime très douce, et la nuit se fait sentir, la nuit impossible, toute la nuit.

Rundum in unserm Quartier gibt es zahlreiche Lebensmittelhändler. Mehrere Ausländer. Ein kinderloses Ehepaar hat sogar am Sonntag offen. An der Ecke die Apothekerin, jung, gebildet. Sie hat Stühle aufgestellt und läßt die alten Damen Platz nehmen, sie plaudert freundlich mit ihnen.

Die Jahreszeiten und die Straßen, und die Stadt, so voll.
Die Bäume sind groß, mit sehr dünnen Wipfeln, und die Nacht macht sich bemerkbar, die unmögliche Nacht, die ganze Nacht über.

La patronne du café est une femme énorme.
Elle a des cheveux gris très courts, un visage blanc. Elle
garde sa fille avec elle. Elle dit qu'elle s'est trouvée
enceinte par surprise et que sa fille, elle l'a portée dix
mois dans son ventre.

En face, sur le palier, je connais une voisine.
Elle a une petite fille de quatre ans. La mère est dispersée,
nerveuse, elle court un peut partout.
La petite l'adore. C'est une enfant précoce.
Elle surveille sa mère, je le remarque.

Die Wirtin des Cafés ist eine riesige Frau.
Sie hat graues, sehr kurzes Haar, ein weißes Gesicht. Sie
behält ihre Tochter bei sich. Sie sagt, sie sei überraschender-
weise schwanger geworden und habe ihre Tochter zehn
Monate lang im Bauch getragen.

Im Treppenflur gegenüber kenne ich eine Nachbarin.
Sie hat ein vierjähriges Töchterchen. Die Mutter ist fahrig,
nervös, sie läuft dauernd herum.
Die Kleine vergöttert sie. Sie ist ein frühreifes Kind.
Sie paßt auf ihre Mutter auf, ich stelle es fest.

On fait sans cesse les comptes, l'argent, la vie. L'essentiel, on y pense. On y pense tout le temps.

La nuit, on dort ensemble. On trouve la position, on dort.

Wir rechnen unentwegt ab, das Geld, das Leben. An das Wesentliche denken wir. Wir denken die ganze Zeit daran.

Nachts schlafen wir zusammen. Wir finden die Körperstellung, wir schlafen.

IV

Temps simple. C'est la journée.

Je marche à côté des maisons. Il y a des gens aux fenêtres, qui regardent.

Maisons basses, vieillies, avec leur intérieur. Dedans je peux voir les meubles et les dentelles, les tableaux.

L'air est calme, désarticulé.

Einförmiges Wetter. Es ist Tag.

Ich gehe die Häuser entlang. An den Fenstern sind Menschen, die schauen.

Niedrige Häuser, altgeworden, samt ihrem Interieur. Innen kann ich die Möbel und die Spitzen sehen, die Bilder.

Die Luft ist ruhig, ungelenkig.

C'est un quartier sans proportions. Les murs, surtout,
font de l'effet. Grands murs profonds en pierre, leur
chaleur.

Les rues sont juste suffisantes. On dirait des doublures.
Embryon de tunnel, petit bout cylindrique. Un pont.

Au-dessus, des petits nuages étouffants, une innocence.
Des arbres, une grille, et par terre, les eaux.

Es ist ein Quartier ohne Proportionen. Vor allem die
Mauern sind wirkungsvoll. Große, tiefe Steinmauern, ihre
Wärme.

Die Straßen sind gerade ausreichend. Man könnte meinen,
Attrappen.
Ein Embryo von einem Tunnel, kleines zylindrisches Ende.
Eine Brücke.

Oben kleine, erdrückende Wolken, eine Unschuld. Bäume,
ein Gitter, und auf dem Boden die Lachen.

J'avance sous les ponts croisés, près du tunnel. Carrefour, embranchements, et les murs couverts de papier. Je marche, seule. J'ai une jupe, un pull-over, des bas.

Face à la route, des grands immeubles, avec leurs stores qui pendent. Le tunnel et la route, et tout ce papier, collé. Parfois un tas de sable fendu par le soleil. J'aime bien.

Ich gehe unter den schräg übereinanderliegenden Brücken hindurch, in der Nähe des Tunnels. Kreuzung, Abzweigungen, und die Mauern, bedeckt mit Papier. Ich gehe, allein. Ich trage einen Rock, einen Pullover, Strümpfe.

Zur Straße hin große Häuser mit ihren herunterhängenden Stores. Der Tunnel und die Straße, und all dieses angeklebte Papier.
Manchmal ein Sandhaufen, von der Sonne gespalten. Das mag ich.

Ciel vague et rayé, paille de fer. Je regarde la matière
éparpillée. Le ciel bouge un peu.

Je passe des indications, des feux électriques.
Rouge, vert, orange. Gros pylônes, ciment raidi.
Le ciel tourne sur lui-même, dénudé. Quelques
lambeaux.

Chaque chose vit dans sa propre lumière.

Vager und zerkratzter Himmel, Stahlwolle. Ich betrachte
den verstreuten Stoff. Der Himmel bewegt sich ein wenig.

Ich gehe an Hinweistafeln, an Ampeln vorbei.
Rot, grün, orange. Dicke Masten, erstarrter Zement.
Der Himmel dreht sich um sich selbst, entblößt. Einige
Fetzen.

Jedes Ding lebt in seinem eigenen Licht.

Au coin, un restaurant, avec des femmes dessinées, des
inscriptions sexuelles. Une musique sort, sans paroles.

Présence du bois, palissades. Des cours, aussi, enchevêtrées.
Au fond ce sont les escaliers, les voitures d'enfants.

Je passe devant le magasin de nourriture exotique.
Des hommes vont et viennent dans le cadre blanc.
Le magasin est plein de bananes vertes, de réservoirs.

An der Ecke ein Restaurant mit aufgemalten Frauen und
obszönen Inschriften. Eine Musik dringt heraus, ohne Worte.

Gegenwart von Holz, Lattenzäune. Auch Höfe, verschachtelt.   99
Hinten sind die Treppen, die Kinderwagen.

Ich komme am Laden für exotische Lebensmittel vorbei.
Männer, die im weißen Türrahmen auftauchen und wieder
verschwinden.
Der Laden ist voll grüner Bananen und Behälter.

De l'autre côté du pont il y a le marché aux puces. Plate-
forme dégagée, quelques tentes, des chemins.

Les robes sont pendues. On passe entre les cintres. Un
miroir, debout, léger et nu. Ce sont des robes déjà mises,
elles sont faciles, en un sens.

Sur un tapis allongé les petite boîtes. Journaux et four-
rures, des instruments. Beaucoup de poupées différentes
et sales. On voit aussi des vêtements de voyou, des
couteaux.

Auf der anderen Seite der Brücke ist der Flohmarkt. Eine
freie Fläche, einige Zelte, Wege.

Die Kleider sind aufgehängt. Man geht unter Kleiderbügeln
hindurch. Ein Spiegel steht am Boden, leicht und nackt. Es
sind gebrauchte Kleider, sie sind unkompliziert, in gewissem
Sinne.

Auf einem ausgebreiteten Teppich die kleinen Schachteln.
Zeitungen und Pelze, Geräte. Viele verschiedene und schmut-
zige Puppen. Man sieht auch Ganovenkleider, Messer.

Au coin de la rue, le café marron, déplié comme un décor.
Des fois il est dedans.

Le portail est ouvert. J'entre dans la cour.
Cour large et creuse, en cuvette.
Dans l'air flottent des objets solides, des bassines en fer.

Les maisons sont en brique, divisées.
Briques, oranges. Au rez-de-chaussée, les boîtes à lettres,
les noms et les prénoms.

Sur le seuil un enfant joue avec un lapin et une balle. Le
lapin a les yeux rouges, très ronds. Je m'arrête, j'attends.
L'enfant ne sait pas jouer, je trouve.

An der Straßenecke das braune Café, entfaltet wie ein Bühnen-
bild. Manchmal ist er da drin.

Das Tor ist offen. Ich betrete den Hof.
Ein breiter, leerer Hof, wie eine Wanne.
In der Luft schweben feste Gegenstände, Eisenpfannen.

Die Häuser sind aus Backstein, geteilt.
Orangefarbener Backstein. Im Erdgeschoß die Briefkästen, die
Namen und Vornamen.

Auf der Schwelle spielt ein Kind mit einem Hasen und einem
Ball. Der Hase hat rote, sehr runde Augen. Ich bleibe stehen,
ich warte.
Das Kind versteht nicht zu spielen, finde ich.

J'entre dans la pièce. La radio marche.

Je le vois. Il est là, assis, avec les yeux fermés, ouverts.

La pièce est noyée.
La tête émerge seule. Visage interminable.

Dehors il y a les briques, les cheminées.
L'air est mouillé, laineux.
La rue entre, par vagues.

Tout ce qu'il fait, je le sais. Je peux le savoir.

Ich betrete das Zimmer. Das Radio läuft.

Ich sehe ihn. Er sitzt da, mit geschlossenen, offenen Augen.

Das Zimmer versinkt.
Nur der Kopf ragt aus dem Dunkel. Endloses Gesicht.

Draußen sind die Backsteine, die Kamine.
Die Luft ist feucht, wollig.
Die Straße flutet herein.

Ich weiß alles, was er tut. Ich kann es wissen.

J'ouvre la porte, j'entre. Sol terreux, collé.
La maison ne tient pas bien.

Je regarde le mur, les vêtements posés.
Il y a tellement de plis.

Je suis dans la pièce, je tourne un peu, je marche. Il lève la
tête.

Je vois le visage diffus, avec les traits difficiles. Visage noir,
absent. Il le montre comme un trou.

Ich öffne die Tür, ich trete ein. Erdfarbener, geleimter Boden.
Das Haus ist nicht gut im Stande.

Ich betrachte die Wand, die abgelegten Kleider.
Da sind so viele Falten.

Ich bin im Zimmer, ich gehe ein wenig herum, ich bewege
mich. Er hebt den Kopf.

Ich sehe das verschwommene Gesicht mit den schwierigen
Zügen. Schwarzes, abwesendes Gesicht. Er stellt es zur Schau
wie ein Loch.

On ne mange pas. La pièce est une boîte.
Il demande, toujours.

La pourriture, les cheveux qui poussent, l'air qui flambe,
je vois. Je ne réalise pas. C'est en moi, ailleurs.

Il lève la tête, il hurle. Je suis avec lui.

Il hurle, c'est comme un jeune cadavre, il ne peut pas
mourir.

Wir essen nicht. Das Zimmer ist eine Schachtel.
Er fragt, unabläßig.

Der Moder, die wachsenden Haare, die glühende Luft, ich
sehe. Ich realisiere nicht. Es ist in mir, anderswo.

Er hebt den Kopf, er schreit. Ich bin bei ihm.

Er schreit, er ist wie ein junger Leichnam, er kann nicht
sterben.

J'ai un poste dans une usine trop grande, elle doit dé-
ménager bientôt. Au milieu, l'escalier. Marches larges,
en ciment. La rampe est scolaire, très haute.

Dans les étages je vois les autres filles.
Elles sont jeunes, jolies, avec un petit visage dur. La plupart restent ensemble, tout au fond.

Je suis avec des vieux, au contrôle. Il n'y a rien à faire,
souvent. Les vieux font des fêtes. Je lis.

Ich habe eine Stelle in einem zu großen Betrieb, er muß
bald umziehen. In der Mitte die Treppe. Breite Zementstufen.
Das Geländer ist wie in Schulen, sehr hoch.

Auf den Etagen sehe ich die andern Mädchen.
Sie sind jung, hübsch, mit kleinen harten Gesichtern. Die
meisten sind zusammen, ganz hinten.

Ich bin mit den Alten, bei der Kontrolle. Oft gibt es nichts
zu tun. Die Alten machen Feste. Ich lese.

Un contrôleur est un ancien forain. Il parle des loteries et des bons gros restaurants bordés de camions, un peu en dehors des villes. Je connais.

Villes étroites, avec leur nom à l'entrée. Les commerces sont directement sur la route, et on passe en voiture le long des grandes vitres claires.

Einer der Kontrolleure ist ein ehemaliger Schausteller. Er spricht von den Glücksbuden und den guten, großen, von Lastwagen gesäumten Restaurants etwas außerhalb der Städte. Ich kenne sie.

Enge Städte, mit ihrem Namen am Ortseingang. Die Geschäfte sind direkt an der Straße, und im Auto fährt man an großen hellen Glasscheiben vorbei.

Au retour je prends le métro avec une jeune femme, elle est issue de l'Assistance. Elle est mariée avec un homme qui vient aussi de là. Elle parle peu. Souvenirs tournants. Des fois elle raconte une grande maison aménagée à trois étages, et une petite fille sourde avec laquelle elle dormait.

Auf dem Heimweg fahre ich mit einer jungen Frau in der Metro, sie ist in einer Erziehungsanstalt aufgewachsen. Sie ist mit einem Mann verheiratet, der auch von dort kommt. Sie spricht wenig. Kreisende Erinnerungen. Manchmal erzählt sie von einem großen dreistöckigen Haus und einem kleinen tauben Mädchen, mit dem sie schlief.

Quand je sors du métro, je me promène.
Le printemps, rancune des choses, et la précision de l'air.
Les rues qui montent vers les arbres.

Les arbres sont verts et rouges, un peu épais. Lumière
compacte, en surface. Derrière, une autre, elle est
plus neutre, dilatée.

Ciel ouvert, sans fin. Ciel permanent. L'envers se laisse
voir, aussi. C'est trop bleu.

Ich verlasse die Metro, schlendere umher.
Der Frühling, Groll der Dinge, und die Präzision der Luft.
Die Straßen, die zu den Bäumen ansteigen.

Die Bäume sind grün und rot, etwas dicht. Kompaktes Licht,
an der Oberfläche. Dahinter ein anderes, es ist neutraler,
gedehnt.

Offener Himmel, ohne Ende. Beständiger Himmel. Auch
die Rückseite ist zu sehen. Zu blau.

Une femme passe avec des bas à plumetis, un filet à provisions. Mouvement sans traces, et si sérieux, offert. Je regarde. Au feu rouge un camion qui vient de la province. A l'intérieur, un garçon.

Je m'arrête aux comptoirs, j'écoute les hommes discuter.

Un peu plus bas, la grande place, active. Je fais un tour. Chaussures et bijoux.

Je peux regarder chaque montre, chaque chaîne séparée. Tous les détails, je les vois.

Eine Frau geht vorbei in gemusterten Strümpfen, mit einem Einkaufsnetz. Spurlose Bewegung, und so ernsthaft, dargeboten. Ich schaue. Vor der Ampel ein Lastwagen, der aus der Provinz kommt. Im Innern ein Junge.

Ich mache an den Theken halt, ich höre zu, wie die Männer diskutieren.

Etwas weiter unten der große Platz, rege. Ich mache eine Runde. Schuhe und Schmuck.

Ich kann jede Uhr betrachten, jede einzelne Kette. Ich sehe alle Details.

Au-dessus, le ciel, voilé, si bleu. Je passe la mercerie.

Objets minimes, certains piquants. Variété de ciseaux.
Des fermetures éclairs suspendues, de la laine. Deux
vieilles femmes chauves se déplacent en parlant.

Coudre et recoudre, découper. Je regarde.

Oben der Himmel, verschleiert, so blau. Ich gehe am
Kurzwarengeschäft vorbei.

Winzige Gegenstände, manche scharf. Eine Vielfalt von
Scheren. Aufgehängte Reißverschlüsse, Wolle. Zwei
alte kahle Frauen kommen redend des Wegs.

Nähen und zusammennähen, zerschneiden. Ich schaue.

Au coin le petit épicier ivre qui fait crédit.
Il pleure son chat.

En face, une laverie. Elle a brûlé une fois. La patronne
est une forte femme, elle vit seule et le dit.

An der Ecke der kleine betrunkene Lebensmittelhändler,
der Kredit gibt.
Er trauert um seine Katze.

Gegenüber eine Wäscherei. Sie ist einmal abgebrannt. Die
Inhaberin ist eine starke Frau, sie lebt allein und sagt es
auch.

Le trottoir mince, les arbres, et l'air, toujours, sans
intimité. Ciel rond, élastique. J'avance, attentive. Partout
ces affiches, ces images. Les murs sont recouverts.

Force de la lumière, elle se déploie. Corps éclaté. C'est
la transparence, cette lourdeur, et les pensées sont comme
des choses, précises, imprécises.

Das schmale Trottoir, die Bäume, und immer die Luft,
ohne Vertrautheit. Runder, elastischer Himmel. Ich bewege
mich aufmerksam. Überall diese Plakate, diese Bilder. Die
Wände sind bedeckt.

Die Kraft des Lichts, sie entfaltet sich. Aufgesprungener
Körper. Diese Schwere ist Transparenz, und die Gedanken
sind wie Dinge, präzis, unpräzis.

Nachwort

DAS BUCH DER HIMMEL – das klingt wie ein großes Ver-
sprechen. Leslie Kaplan hält es, indem sie sich an die Wahr-
nehmung hält. Der Himmel ist der Himmel über uns – nackt
oder gebläht, gestuft oder neutral, hell oder malvenfarben –,
der Himmel unseres Alltags, ein Partner. Nichts Göttliches
haftet ihm an, keine Metapher verweist ihn ins Jenseits. Der
Himmel wie Ich und Du, wie die Häuser, Straßen, Fabriken.
Vielgesichtig, vielgestaltig. Beschreibbar, wenn auch nicht
vollkommen ergründbar.

Der Himmel zieht sich als Leitmotiv durch Leslie Kaplans
vierteiliges Buch. Dieses erzählt vom Leben einer Frau – in
der französischen Provinz, dann in Paris –, von ihrem Alltag,
ihrer Arbeit (in verschiedenen Fabriken), ihren Gängen und
Fahrten, ihrer Beziehung zu einem Mann. Von Außenräu-
men und Innenräumen. Erzählen ist im übrigen nicht das
richtige Wort. Es wird keine Geschichte wiedergegeben, auf

keinen Zusammenhang gepocht. Kaplans knappe, spröde
Sätze, die sich parataktisch aneinanderreihen, gleichen eher
lyrischen Notaten in Ich-Form; das Ausgesparte, das Unaus-
gesprochene verleiht ihnen Gewicht. Gewicht und Härte.
Denn das unschön Gesagte schmerzt. Die scheinbare Lapi-
darität läßt nichts in der Schwebe: «Etwas weiter die
Baracken. / Die Männer sind da, ausgestreckt. / Ich schaue
durch die Türen. / Riesige Stapel von Decken, mitten im
Dampf. Schwäche. / Ich schaue. / Kleider hängen an Haken.
Auf dem Boden Waschschüsseln voll Wasser. / Glattes, waagrechtes Wasser. Bedrohliches Wasser.»

Der Gestus des Schreibens resultiert aus dem Schauen. Prä-
zise Blicke, pointierte Wahrnehmungen. Wo Erleben über-
haupt ausgedrückt wird, geschieht es indirekt, durch die
Beschreibung von Gegenständen, Umgebungen oder Hand-
lungen. Die (vorgetäuschte) Teilnahmslosigkeit solchen
«Erzählens», die auf jede (psychologische) Deutung verzich-
tet, hat eine bedrängende, ja gewaltsame Wirkung.

Gewaltsam nannte Marguerite Duras schon Leslie Kaplans
ersten Prosaband L'EXCES-L'USINE (1982), der den Cézanne-
schen «Standpunkt der Abwesenheit gegenüber allem» denk-

bar drastisch vorführt. Doch gerade solch distanzierter, metaphern- und hierarchiefreier Umgang mit der Wirklichkeit entlarvt und ergreift. Insbesondere, wenn Leslie Kaplan öde Provinzstädte und die Welt der Fabrik schildert, die sie 1968, nach Abschluß eines Universitätsstudiums, selber jahrelang erkundet hat. Weit entfernt von jedem Intellektuellendünkel beschränkt sie sich auf das Benennen des Unansehnlichen, auf die ausschnitthafte Vorführung elementarster Begebenheiten und Gesten. Die illusionslose Offenheit ihres Blicks – eines unverhohlen weiblichen Blicks – verleiht dem Wahrgenommenen in ihrer Schilderung Bedeutung, ja Poesie. Mit Sentimentalität hat das nichts zu tun, mit Pathos noch weniger. Leslie Kaplan ist unprätentiös. Sie tut, was sie kann. Sie stößt an die Grenzen einer Sprache vor, die nicht ihre Muttersprache ist; sie verstößt gegen Regeln der Syntax und des sogenannten guten Stils, wobei sie das Unvollkommene zum Ausgangspunkt macht. Eine literarische «arte povera», die sich des Unscheinbaren annimmt, ohne seine Widersprüche zu tilgen, seine Fremdheit zu beheben, und dieses Unscheinbare verwandelt, indem sie es in Sätze von beschwörender Einfachheit bannt: «Oben der Himmel, verschleiert, so blau.

Ich gehe am Kurzwarengeschäft vorbei. / Winzige Gegenstände, manche scharf. Eine Vielfalt von Scheren. Aufgehängte Reißverschlüsse, Wolle. Zwei alte kahle Frauen kommen redend des Wegs. / Nähen und zusammennähen, zerschneiden. Ich schaue.»

Ilma Rakusa

Bibliographie

Leslie Kaplan, 1940 in New York geboren und in Frankreich aufgewachsen, lebt und schreibt heute in Paris. Nach ihrem Studium (Philo-
sophie, Geschichte, Psychologie) arbeitete sie drei Jahre in einer Fabrik.
Sie veröffentlichte die Prosabände L'EXCES-L'USINE, Hachette, P.O.L.
1982 (dt. «Der Exzess», Manholt 1988), LE LIVRE DES CIELS, P.O.L. 1983
(dt. «Das Buch der Himmel», Ferdydurke 1991), LE CRIMINEL, P.O.L.
1985 (dt. «Der Verbrecher», Manholt 1989), LE PONT DE BROOKLYN,
P. O.L. 1987 (dt. «Brooklyn Bridge», Rowohlt 1989), L'ÉPREUVE DU PAS-
SEUR, P.O.L. 1988 (dt. «Die andere Seite des Flusses», Rowohlt 1990),
LE SILENCE DU DIABLE, P.O.L. 1989. Zu ihren Bewunderern und För-
derern gehören Marguerite Duras und Maurice Blanchot.